# LA
# LIBERTÉ

Nous avons celle que nous méritons!

Par M. P. PRADIÉ.

PARIS

CHEZ JOUBY, RUE DES GRANDS-AUGUSTINS, 7,

ET DENTU, AU PALAIS-ROYAL.

1861

Paris-Vaugirard, imp. Aubry et Cie, rue de l'Église, 6.

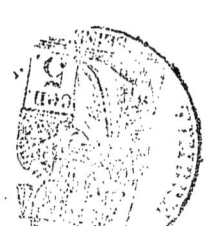

# LA LIBERTÉ.[1]

*Nous avons celle que nous méritons !*

I. — La France désire et a raison de désirer la liberté, mais elle ne la mérite à aucun point de vue.

Au point de vue intellectuel et moral, la patrie de Bossuet et de Fénelon nous offre le spectacle peu rassurant de philosophes matérialistes, sceptiques, panthéistes ou athées, incapables de se gouverner eux-mêmes et voulant nous gouverner; — de moralistes nous enseignant la chasteté dans l'adultère (2), l'amour vrai dans la promiscuité (3), l'égalité et l'émancipation des sexes dans la femme libre (4), le progrès dans la réhabilitation de la chair (5), la religion dans l'homme divinisé ou repu d'égoïsme (6); — de littérateurs tenant dans le drame, le roman et le feuilleton, école publique de corruption sur une échelle qui embrasse, non-seulement comme autrefois la bourgeoisie et la noblesse, mais encore les masses populaires et jusqu'à l'enfant de l'atelier et à l'ouvrière des mansardes.

Au point de vue social, le Proudhonisme, faisant à la société l'application brutale mais rigoureusement logique de

---

(1) Cette brochure forme la nouvelle introduction du livre de M. Pradié, intitulé : *La Démocratie française, ses rapports avec la monarchie et le catholicisme. Son organisation.* — 1 vol. in-8°; Prix : 5 fr. — Chez Jouby, rue des Grands-Augustins, 7; éditeur du *Philosophe devant le Cosmos*, du même auteur. — 1 vol. in-8°; Prix : 6 fr.

(2) L'école de Georges Sand.

(3) Dans la série passionnelle de Fourier, la promiscuité entre comme un des éléments de l'harmonie du Phalanstère.

(4) L'école de Saint-Simon. (5) Même école.

(6) La jeune école Hégélienne de Feuerbach, Stirner, etc. Ce serait une erreur de croire que ces doctrines, tombées dans le ridicule, n'exercent plus aujourd'hui aucun empire. Désavouées en théorie, elles s'étalent impudemment dans la pratique, et constituent le fond des mœurs du demi-monde, et d'une grande partie, hélas! des classes ouvrières. On ne se dit pas fouriériste, saint-simonien, jeune hégélien; on n'affiche pas de pareilles livrées; mais on est tout cela, jusqu'au moment où on pourra, sans trop faire crier, formuler, sous une forme rajeunie, cette morale en dogmes et ces doctrines en Religion.

ces débauches de l'esprit humain, gagne tous les jours du terrain, minant tous sous nos pieds, propriété, famille, religion, en attendant l'occasion de mettre le feu aux poudres et nous faire sauter.

Au point de vue religieux, tous les échos du monde retentissent des querelles du sacerdoce et de l'empire, envenimées par la politique et le fiel des partis; et l'influence du prêtre, sous l'empire d'une situation démoralisante au suprême degré, va toujours s'affaiblissant. Depuis longtemps un schisme d'autant plus irréparable qu'il n'est pas déclaré, a de fait éclaté entre l'Église et la société civile généralement représentée par des philosophes. La classe ouvrière et la bourgeoisie, le grand et le petit commerce, l'industrie et la science, les académies, les universités et les conseils des gouvernements ne sont guère catholiques que de nom, là même où la sécession, comme disent les américains, n'est pas hautement affichée. Et comme si le divorce n'était pas assez profond, la question romaine, cette plaie du sacerdoce, est encore venue ajouter aux causes de la séparation. Emportés par deux courants en sens inverse, le clergé et les gouvernements, en France, en Italie, et bientôt en Autriche, c'est-à-dire partout, vont se trouver dans la situation d'ennemis condamnés à se faire une guerre à mort. Car à mesure que les peuples se laissent aller à la pensée que l'humanité subit, depuis 1789, une évolution irrésistible qui doit recevoir son accomplissement providentiel, le clergé dans toute l'Europe est entraîné dans le tourbillon de la réaction et de la résistance où toutes les vieilles dynasties viennent tour à tour s'engloutir. Fait grave que nous nous abstenons d'apprécier par respect, le soumettant humblement aux méditations intimes des parties intéressées à ne pas se faire illusion. La Société temporelle et la société spirituelle sont donc constituées anarchiquement vis-à-vis l'une de l'autre, ce qui rend la liberté religieuse et la liberté civile impossibles, le pouvoir ne se croyant pas assez fort pour oser affronter tout à la fois les orages de la réaction et ceux de la révolution. Situation déplorable que nous nous bornons à constater, **nous réservant de porter ultérieure-**

ment un jugement sur ses causes, et qui, achevant la ruine des croyances, tend à déraciner la religion de l'âme des multitudes, outrées de voir les grands intérêts du christianisme sacrifiés à des considérations secondaires.

Au point de vue politique, la France est profondément divisée en partis ayant des prétendants, des drapeaux et des intérêts distincts, et constituant, par leurs tendances et sous l'hypocrisie des formes, autant d'oppositions secrètement factieuses. Oppositions impuissantes en temps normal mais pouvant se coaliser à un moment donné, ou s'effacer, comme en 1848, pour laisser passer la révolution en haine du Gouvernement; perspective redoutable dont la pensée seule est capable de glacer les aspirations les plus timides vers la liberté.

Ce pêle-mêle de partis se disputant le pouvoir en face d'une démagogie prête à se ruer sur une société intellectuellement, moralement, socialement et religieusement en décomposition, est peu propice à la liberté, et il est plutôt fait, il faut en convenir, pour tendre indéfiniment les ressorts de la centralisation et donner à l'autorité les formes de la dictature. Et il doit en être ainsi de tous les pays où la société étant moralement affectée, les partis visent non-seulement à des déplacements ministériels, comme en Angleterre, mais au déplacement de la souveraineté elle-même. La question qui se pose alors devient une question de vie ou de mort. Or les sociétés placées dans cette alternative ont toujours préféré vivre avec la dictature que mourir avec la liberté.

La France ne mérite donc, pour le moment, la liberté à aucun titre, n'étant, à aucun point de vue, dans les conditions voulues pour en jouir utilement et sans se nuire ou se détruire.

II. — Une chose cependant pourrait, en attenuant le mal, ouvrir un accès à la liberté, ce serait un esprit public inspiré par un sentiment patriotique et national, capable de dominer toutes ces causes de dissolution, en donnant à chacun le noble désintéressement de sacrifier au bien de la patrie ses aspirations égoïstes. Mais cet esprit nous fait complètement défaut. Et comment en serait-il autrement? Les grandes sources, où le patriotisme s'élabore avant d'éclater en actes d'abnégation et de vertu, — la morale, la philosophie, la religion — se trouvent entièrement taries; et la plupart des hommes publics qui se sont fait une illustration dans la politique, étant eux-mêmes animés des mêmes passions que le vulgaire, sont absolument impropres avec leurs idées contradictoires, à refaire le type d'une société sans principes, puisqu'étant eux-mêmes sans principes, ils sont faits à l'image de cette société aveugle, qu'aveugles ils ont vainement essayé de conduire. Incapables, sauf de glorieuses exceptions, de diriger et encore moins d'organiser l'Etat malgré leur talent incontestable, ils exercent à raison même de la supériorité de leur esprit, de l'étendue de leurs connaissances et de l'honorabilité de leur caractère, des influences qui, faute de criterium, se neutralisent en agissant en sens contraire, et deviennent une nouvelle cause de désorganisation et un nouvel obstacle à la liberté. En sorte que le génie et la vertu, comme l'ignorance et l'immoralité, conspirent à leur tour contre la liberté! Car Dieu nous garde de confondre les hommes distingués auxquels nous faisons allusion, avec cette foule d'hommes d'Etat manqués et d'empoisonneurs publics, dont nous avons dénoncé en commençant l'influence subversive et délétère, et qui se sont fait dans la presse incendiaire, dans les clubs, dans les sociétés secrètes, dans les romans, une célébrité retentissante! Nous ne citerons pas ces noms qui sont la honte de notre temps. Ils sont présents à la pensée de tous, et pour les châtier il nous suffit de dire qu'ils ont étouffé la liberté en la prenant sous leur patronage.

Oui, la liberté est une belle chose, la plus belle même des choses, dans une société ayant des mœurs et un esprit public se rattachant, sur les choses essentielles au moins, à des principes communs généralement acceptés. Elle ferait alors du corps social, affranchi du culte de la matière, un être collectif vivant de sa vie autonome ou de son *self-government*, de même que notre libre arbitre fait de chacun de nous autant de personnalités, vivant d'elles-mêmes avec noblesse et dignité. Mais la liberté serait une cause de dissolution prochaine pour notre société, résidu misérable de quatorze siècles de barbarie germaine et de corruption romaine, renforcés par soixante-dix ans de décomposition révolutionnaire et philosophique, si le christianisme, qui a fait si longtemps durer notre patrie et seul a fait sa gloire, ne parvenait enfin à se dégager et à nous dégager de ce cahos en nous plaçant dans les conditions d'ordre et d'harmonie qui constituent sa divine essence. Donner la liberté à une nation pétrie de contradictions et d'incapacité, tant qu'elle n'aura pas hautement confessé le Dieu du christianisme et brûlé ses vieilles et ses nouvelles idoles, c'est de nouveau lâcher la bride à la corruption de l'ancien régime, à la licence et à l'impiété de la révolution; c'est mettre aux prises le Pouvoir avec les trois ou quatre factions qui se disputent la souveraineté, et investir finalement de la puissance tribunitienne les corrupteurs de l'atelier et les agitateurs de la plèbe.

III. — On a fait de l'esprit en disant que les décrets du 24 novembre, c'était la montagne en travail. On ne pouvait hélas! en faire un plus bel éloge. On nous a donné la liberté que nous méritons, et dans la mesure rigoureusement calculée de ce que nous pouvons porter *en ce moment*. Il ne faudrait pas croire en effet que l'exubérance de l'autorité centrale, qui a signalé l'avénement des deux empires, soit un effet sans cause. Sa cause, à ces deux époques anormales de notre histoire, a été d'opposer une digue à l'anarchie. Le remède aux excès de la liberté est ainsi devenu un obstacle à la liberté, et une impossibilité matérielle à ajouter aux impossibilités morales que nous venons de signaler.

Comment, en effet, l'établissement de la liberté, difficile partout, ne rencontrerait-il pas des difficultés presque insurmontables, dans un pays où tout étant centralisé entre les mains d'un seul, les corps intermédiaires qui pourraient diviser l'action du Pouvoir ont disparu ou sont faibles et impuissants, écrasés sous l'ascendant d'une démocratie de 35 millions de prolétaires et de paysans, jouissant tous des mêmes droits, indépendants par leurs bras ou seigneurs dans leurs terres, et pouvant de leur chaumière s'élever aux plus hautes magistratures de l'Etat?

La liberté en France étant l'image du cahos, et représentant la révolution en permanence ou la réaction à l'assaut du pouvoir et des places ; la liberté en France n'ayant d'autre organe que des journaux généralement hostiles au Pouvoir, et d'autre armée à sa solde que les faubourgs d'une capitale de deux millions d'habitants délibérant dans la rue, comment un gouvernement qui se livrerait à elle sans garanties ne serait-il pas acculé, comme en 1830 et en 1848, à la redoutable alternative, ou de se laisser dévorer par l'émeute, ou de la prévenir par un coup d'état, en étouffant la liberté sous la pression d'une armée de cinq cent mille hommes dont il dispose souverainement ?

Où le Pouvoir, en effet, pourrait-il trouver ailleurs que dans l'armée un point d'appui contre l'émeute, et où la Liberté pourrait-elle à son tour trouver, ailleurs que dans les faubourgs, un point de résistance contre le Pouvoir ? Est-ce dans la noblesse ? Elle n'existe pas. Dans les communes, dans les conseils-généraux, dans l'ordre judiciaire ? Tous ces corps intermédiaires n'ont ni assez de vie, ni assez d'influence, tels qu'ils sont constitués, pour empêcher un coup d'état ou résister à une révolution. Nos douze changements de gouvernement, en soixante-dix ans, sont là qui en déposent. Est-ce dans le clergé, dans ses corporations religieuses et ses institutions charitables que le Pouvoir ou la liberté iraient se réfugier et retremper leurs forces ? Mais l'esprit public est ainsi monté, que l'appui du clergé serait plus nuisible qu'utile à celui qui voudrait y risquer sa popularité. C'est là un fait incontestable, et de tous les faits, très-certainement, c'est le plus déplorable, comme signe du temps, et comme symptôme de la profondeur du mal dont la société civile et la société religieuse sont moralement atteintes.

IV. — La liberté est donc impossible en France, et cependant elle y est nécessaire. Nécessaire pour le Pouvoir, nécessaire pour l'Église, nécessaire pour ôter aux partis leurs illusions et leur manie d'opposition. Car, comment sortir du cahos, si la discussion ne peut en faire jaillir la lumière ; si les gens honnêtes, exposant librement leurs idées, ne peuvent signaler au gouvernement les réformes à faire, les abus à corriger et les dangers à éviter; — si le prêtre, n'étant pas libre de remplir dignement sa mission, les politiques clairvoyants ne peuvent dire au clergé, si fatalement enlacé par un malheureux concours de circonstances dans les tripôts de la politique, ce qui le rend impopulaire et impuissant; — et aux partis, qu'ils nous mènent à toute vapeur au socialisme, en rêvant des révolutions au bout desquelles il est difficile d'entrevoir autre chose que la dissolution de la société?

Qu'espérer en effet des révolutions, dans un moment où les départements n'étant rien et Paris étant tout, cette métropole des sociétés secrètes, peuplée d'un million de prolétaires, renferme dans son sein, plus que doublé, une démocratie sans principes, où le comte de Chambord est complètement inconnu, où le comte de Paris est aussi impopulaire que les républicains honnêtes et modérés, où Ledru-Rollin lui-même est débordé, où Barbès tout au plus est accepté par les sages! Une démocratie dont les bas-fonds, toujours dans l'attente de ce mardi-gras révolutionnaire qu'ils ont entrevu aux éclairs du canon de juin, ne sont contenus, hélas! que par ce prestige militaire qui, entourant les Napoléon et l'armée d'une auréole de gloire, a seul la puissance de fasciner encore une multitude plus ignorante et plus trompée que coupable!

Ainsi la liberté, sans laquelle nous ne pouvons vivre, et avec laquelle nous sommes condamnés à mourir, est impossible en France, avec l'état cahotique des partis et des doctrines; avec nos institutions centralisées; avec les rapports anarchiques du pouvoir civil et du pouvoir religieux. Et, pourtant, elle est nécessaire, pour constater et analyser cette situation extraordinaire, et chercher, dans l'élasticité de la constitution et la réforme des mœurs, des remèdes propres à l'améliorer et à la modifier; nécessaire surtout pour contenir et contrôler le Pouvoir avec respect, quand il s'égare, et donner aux hommes de bien le moyen de s'unir et de se concerter légalement pour résister aux emportements populaires, et conjurer les sinistres éventualités de l'avenir.

V. — Mais comment sortir de ce cercle, car il faut en sortir ou périr? — On en sort en faisant de la liberté, qui nous a été mesurée d'une main singulièrement économe par les décrets du 24 novembre, un bon et noble usage, consistant, non à démolir et à diviser, mais à donner au corps social cette unité morale, ce culte des principes et cet esprit national et patriotique qui, en lui rendant la santé, peuvent seuls le mettre en état de supporter une dose de liberté qui le ferait en ce moment mourir. Si donc la liberté, élément nécessaire de tout État organisé chrétiennement, est en ce moment une utopie dangereuse, elle peut devenir une réalité bienfaisante, non en faisant disparaître, chose hélas! impossible, mais en atténuant sensiblement les causes du désordre moral, intellectuel, social, religieux et politique que nous venons de mettre à nu. Désordre dans lequel nous vivons depuis que nos pères ayant, en 1789, ébranlé, comme Samson, les colonnes de l'ancien édifice social, se sont ensevelis sous ses ruines, sans qu'il se soit produit des hommes capables de le relever, en indiquant d'une main ferme et sûre le plan sur lequel devait se réédifier la société nouvelle.

Tous les législateurs, tous les hommes d'état, si on peut leur donner ce nom, qui ont mis la main à la restauration sociale, depuis Sieyes jusqu'à M. Guizot, puisqu'il n'est pas permis de juger ceux qui sont en ce moment à l'œuvre, n'ont procédé que par tâtonnements, et ils ont été radicalement impuissants, ayant tous été plus ou moins compromis ou impliqués dans les idées et les passions de l'ancien régime, ou dans les idées et les passions de la révolution, tandis que le problème à résoudre était de fonder un édifice nouveau sur le modèle du christianisme.

Le christianisme, également éloigné des excès de l'ancien régime et de la révolution, et pur de leur impur contact, sa tendance invariable ayant toujours été de s'en dégager par ses hommes vertueux et ses Saints, pouvait seul en effet servir de base, et de base incontestée et incontestable, à la politique nouvelle, à la seule politique vraie, à la seule politique qui reste à essayer. Toutes les autres politiques, expression brutalement égoïste d'intérêts, de classes, de castes, de dynasties, de partis cherchant à s'inféoder au pouvoir au préjudice de la masse, ou à opprimer les nations au profit d'autres nations, ont misérablement échoué, faute d'avoir tenu un compte suffisant des principes d'égalité, de liberté et de fraternité inscrits à chaque page de l'Évangile, ou de n'avoir su les concilier avec les principes non moins évangéliques, de soumission, de respect, de hiérarchie, d'autorité. Principes d'ordre divin non moins respectables, et qu'on ne peut scinder sans déchirer le Livre, Dieu ayant placé sur la même ligne toutes les vérités sociales, en menaçant de châtiments exemplaires, peuples, papes ou rois qui viendraient à négliger, à transgresser ou à blasphémer quelqu'un de ces principes immortels, dont chacun aura à rendre à Dieu un compte d'autant plus sévère qu'il aura été plus élevé dans la hiérarchie des puissances.

Ce dont il s'agissait, pour inaugurer cette grande politique chrétienne, cette sublime inconnue, ce n'était donc ni de continuer le régime pourri des anciennes cours, ni de créer à neuf et tout d'une pièce un état imaginaire, avec des agioteurs et des dissipateurs pour organisateurs de nos finances; avec des idéologues pour législateurs, des révolutionnaires pour hommes d'état, des évêques apostats pour diplomates, des régicides pour ministres de la royauté en deuil, des romanciers tarés et des chansonniers en goguette pour moralistes, des socialistes et des Mormons pour précepteurs du Peuple. Ce dont il s'agissait, c'était de dégager et de faire resplendir une politique et une organisation véritablement chrétiennes, au-dessus de ces deux régimes, aussi coupables l'un que l'autre vis-à-vis des peuples et vis-à-vis de Dieu.

Car la vieille société des philosophes, des jansénistes, des traitants, de l'OEil-de-Bœuf, du Parc-aux-Cerfs, des nobles et des abbés de cour, des courtisans et des courtisanes, des concussionnaires et des dilapidateurs publics, des banqueroutes périodiques, des roturiers traitables et corvéables à merci, de l'inféodation de tous les priviléges, de toutes les dignités, dans les mains d'une caste corrompue jusqu'à l'impudence, et faisant état de son ignorance, n'était certes pas moins criminelle que la nôtre, malgré ces vertus sublimes qui, brillant dans sa fange comme des perles dans du fumier, enfantaient, grâce au christianisme, de véritables grands hommes, des modèles de sainteté et des types chevaleresques d'une grande beauté. Il faut rendre, en effet, cette justice au christianisme : il a su tirer de ce fond misérable un nombre suffisant d'hommes justes pour préserver la société du supplice de Sodôme, que cette vieille dissolue avait cent fois mérité, pour des vices aussi repoussants que ceux de cette ville maudite. Qu'on ne nous force pas de les dévoiler !

La première chose à faire par les restaurateurs de la société moderne, c'était donc de vider au plus tôt ce cloaque. Mais Dieu ayant donné la puissance d'accomplir cette tâche odieuse aux philosophes de la sensation, transformés en révolutionnaires ; la seconde chose à faire, une fois leur mission remplie, c'était d'évacuer à leur tour ces exécuteurs des hautes-œuvres de Dieu, couverts de crimes et encore dégoutants du sang de leurs victimes, afin de correspondre de notre mieux aux décrets de la Providence, qui, après avoir détruit les passions par d'autres passions, et châtié les coupables par d'autres coupables, veut sans doute finalement ménager à la vérité ses triomphes, et des retours à ceux de ses amis qui voudront *sérieusement* entrer dans les voies nouvelles de sa miséricorde.

VI. — Si donc Dieu a laissé surgir le cahos de l'esprit d'impiété et d'insubordination de la Révolution, il lui a donné aussi la puissance d'extirper les abus de l'ancien régime jusqu'à leurs dernières racines, et il faut lui rendre cette justice qu'elle s'est parfaitement acquittée de la tâche. Mais quand il s'est agi de fonder, alors a éclaté son impuissance. Il s'est donc élevé des hommes et des pouvoirs, qui, entre les éclairs sillonnant le ciel sombre de la Révolution, ont entrepris courageusement la fondation de la société nouvelle. Des choses admirables ont été accomplies, qui feront du XIX<sup>e</sup> siècle un des plus glorieux, et le point de départ d'une ère véritablement nouvelle.

Notre système de perception d'impôts et de comptabilité,

— nous ne parlons pas des budgets sans contrôle; — notre organisation militaire; notre procédure civile et criminelle, dégagée des abus monstrueux et de l'atroce pénalité d'autrefois; la manière plus chrétienne de faire la guerre; les sentiments plus fraternels qui président aux relations de classe à classe et de peuple à peuple; nos institutions de secours mutuel et de bienfaisance; notre système de transport, de viabilité, de tarifs et de douanes; les progrès incontestablement réalisés dans l'ordre scientifique, industriel et agricole; et cette masse de méthodes perfectionnées, qui, en nous élevant si haut, ont fait descendre si bas au-dessous de nous les nations voisines, inféodées aux méthodes surannées de l'ancien régime, et qui en sont punies en ce moment par la perte de leur nationalité: tout cet ensemble de créations magnifiques constitue très-certainement la plus belle organisation matérielle dont l'histoire fasse mention; et nous comprenons que la Révolution et les révolutionnaires s'en fassent gloire. Mais, chose infiniment remarquable, et qui devrait leur ouvrir les yeux, rien de tout cela n'est contraire à l'Évangile de Jésus-Christ, et en est souvent une émanation visible, tandis que tout cela est contraire à l'esprit d'impiété et d'insubordination qui a constamment caractérisé l'esprit de la révolution. Aussi, la plupart de ces admirables productions de la pensée moderne ont-elles été réalisées par des pouvoirs qui, ayant trouvé le moyen de s'implanter dans les moments de lassitude, ont fortement réagi contre les révolutionnaires, qu'ils ont emprisonnés, exilés, déportés ou décapités, pour procéder en paix à la réédification sociale impossible avec eux.

Mais ces pouvoirs, après avoir fait quelque bien, ont tous été infidèles à leur mission, les uns pour avoir secrètement pactisé avec les iniquités du passé, et les autres avec le mauvais esprit des temps nouveaux. Aussi ils sont tombés, et en nombre suffisant pour qu'une analyse sévère puisse aujourd'hui mettre à nu la loi inexorable de la chute et de la durée des gouvernements modernes, et prédire à coup sûr l'avenir réservé à celui qui dispose en ce moment de nos destinées.

La mission du pouvoir, de nos jours, n'est pas seulement de doter la société d'une organisation matérielle irréprochable. Un beau corps, richement paré et ayant extérieurement toutes les apparences d'une santé florissante, est bien près de sa fin, s'il n'a une belle âme, une âme saine et vigoureuse qui le conserve et le protége contre toutes les influences délétères. Or, le meilleur moyen, selon nous, de correspondre à cette double mission du pouvoir, consistant à donner à la société un beau corps et une belle âme, c'est de fonder une organisation qui, ne participant ni aux vices de l'ancienne société, ni au mauvais esprit de la nôtre, emprunterait à nos ancêtres leur antique principe de moralité et de religion qui a fait leur gloire et leur force, et à nos modernes réformateurs cet organisme économique et matériel que les peuples nous envient.

VII. — Mais qui accomplira cette difficile et glorieuse tâche? Est-ce le pouvoir civil, est-ce le pouvoir religieux? Dans une démocratie ayant un esprit public et des mœurs, le pouvoir civil et le pouvoir religieux pourraient sans doute beaucoup si, étant unis, ils pouvaient combiner leur action sur les hommes et les choses de leur temps. Mais alors même qu'étant parfaitement unis ils seraient d'accord sur la marche à suivre, ils ne pourraient que fort peu de chose dans une démocratie sans esprit public et sans mœurs, où il existerait, en outre, une foule de partis et de divisions. Il faut donc les aider dans l'accomplissement difficile de leur tâche. Or, comment les aider, s'il ne s'élève au milieu de nous un parti national assez large et assez compréhensif pour dominer tous les autres, puisqu'il est impossible de les absorber; un parti d'hommes nouveaux, pénétrés du sentiment de l'ordre et d'un grand esprit de conservation, mais indépendants, désintéressés et sympathiques au peuple, aimant le pauvre autant que le riche, ou plutôt, comme le Christ, aimant d'un amour indulgent les grands et d'un amour de prédilection et de protection les faibles. Car, ce n'est que grâce à un parti composé de pareils hommes, s'inspirant aux sources pures du christianisme, qu'il sera donné à la France de voir disparaître ces détritus de l'ancien régime et de la Révolution qui nous obstruent, et qui, faisant haïr la liberté et la religion, rendent impossible toute autre espèce de gouvernement que des gouvernements anarchiques, ou des gouvernements dictatoriaux.

Mais comment constituer un parti national, aussi prompt à voler à la défense de l'Autorité menacée par l'émeute, que chatouilleux à l'endroit des franchises populaires ; un parti qui soit le contre-pied des oppositions factieuses et incendiaires dont les gouvernements révolutionnaires en France nous ont donné de si curieux et de si effrayants échantillons ? un parti qui, éloigné de tout sentiment courtisanesque et de tout esprit d'insubordination, ne soit ni le parti borné de M. Guizot, ni le parti turbulent de M. Thiers, ni le parti pompeusement et magistralement révolutionnaire de M. Odilon-Barrot, ni le parti an-archique de M. Proudhon ? un parti qui n'aille pas non plus en contre-sens des événements, en contre-sens de l'opinion : toujours impopulaire, ruinant la religion au jeu dangereux des réactions, et s'étudiant comme à plaisir à s'annihiler, à se rendre impossible, à se faire détester, quand son rôle serait d'éclairer, de diriger et de soutenir tantôt les peuples contre d'odieux oppresseurs, et tantôt les pouvoirs légitimes contre les attaques injustes de la révolution ? Comment constituer un parti s'étudiant à contenir et régler le mouvement, au lieu de le précipiter en l'irritant ou en l'encourageant ; un parti sachant discerner le bien du mal, et combattre non l'industrie mais l'industrialisme, non la philosophie mais l'idéologie, non la démocratie mais la démagogie, non la science mais le matérialisme, non le pouvoir mais le despotisme, non la religion mais la superstition et le fanatisme ?

Comment constituer un parti national préservateur de toute usurpation, quand l'Etat depuis longtemps est ainsi constitué que chaque faction en est encore à se flatter de pouvoir, par surprise ou autrement, mettre la main sur le grand ressort de la centralisation qui met en jeu toute la machine gouvernementale, comme cela s'est vu tant de fois depuis 1789 ? Comment constituer un parti national avec des caractères avilis ou insubordonnés, des idées renversées, et une presse inféodée aux ambitions les plus désordonnées, et quelquefois au plus rapace agiotage? Quand les écrivains religieux et honnêtes mourant de faim, un millier de romanciers et de folliculaires vivent en grands seigneurs de la corruption qu'ils infiltrent aux masses, comme les vers vivent de la corruption qu'ils engendrent sur les corps morts? Quand le Pouvoir est si peu honoré et respecté, qu'il est obligé, pour vivre et nous faire vivre, de nous réduire à la portion congrue; et quand tout se disloquerait et s'effondrerait, si le grand ressort qui nous fait jouer venait à être brisé?

Comment enfin fonder un parti national quand la religion, cette première nécessité des peuples, de l'avis de tous les philosophes, — je ne parle pas de nos philosophes, — est méprisée et bafouée publiquement, et quand les hommes religieux eux-mêmes ne peuvent, à raison de leur fausse position politique, la faire respecter, en donnant aux hommes, avec le spectacle de la dignité, celui d'une science supérieure discernant d'un œil ferme ce qui, dans les idées modernes, est ou contraire ou conforme aux éternels principes?

VIII. — Que d'impossibilités aux aspirations libérales de la France! — 1° Etat moral, intellectuel, social, religieux et politique au comble du désordre; — 2° conflit du Pouvoir civil et du Pouvoir religieux, et divisions acharnées des partis ayant des tendances essentiellement factieuses et subversives; — 3° organisation centralisée des Pouvoirs, chose excellente dans une certaine mesure, si elle ne coïncidait pas avec l'absence de corps intermédiaires pondérateurs, tels que communes, conseils généraux, corporations civiles et religieuses, corps judiciaires, universités et académies, puisant *dans leurs franchises* une force morale capable de servir de point d'appui au Pouvoir contre les empiétements de la Liberté, et à la Liberté contre les empiétements du Pouvoir; — et, 4°, pour tout intermédiaire entre le despotisme et la révolution, une presse image du cahos des partis, avec un corps législatif et un sénat ne pouvant, avec la meilleure volonté, suffire à tout (1). — 5° enfin, difficulté presque insurmontable de constituer un parti national ayant la force de dominer toutes les causes d'anarchie, ou de les atténuer assez pour donner à la liberté une assiette solide ! Ajoutez la profonde inintelligence des libéraux, qui, témoins de tous ces ferments de dissolution, semblent s'étudier à les développer encore, en demandant la liberté à temps et à contre-temps, sans tenir aucun compte des conditions essentielles de son établissement, et qui la veulent, comme des fous, sans savoir ni pourquoi, ni comment, ni quand, ni de quelle manière il la faut.

Ce n'est pas qu'il faille attendre, pour inaugurer la liberté, que toutes ces causes de désordre aient cessé, car, à ce compte, on attendrait toujours. Mais, partisan sincère d'une liberté autrement large et vraie que celle des libéraux, nous la repoussons dans les conditions d'étranglement où ils ont cherché à nous la donner sans pouvoir y réussir, et, en attendant qu'elle devienne possible dans de meilleures conditions, nous ne demandons au Pouvoir qu'une latitude suffisante pour préparer à la liberté un champ digne d'elle, et en rapport avec les glorieuses destinées de la France.

Voulant faire pénétrer la liberté, la vraie liberté, la liberté chrétienne, non pas seulement dans l'officine des journaux, mais partout, jusque dans la plus petite commune de l'Empire et l'âme du dernier paysan élevé religieusement, nous avons donc conçu et exposé, dans notre *Démocratie*, un Idéal d'organisation pratique, propre à neutraliser, en les frappant d'impuissance, les foyers d'anarchie où la liberté révolutionnaire complote le renversement de tous les pouvoirs.

(1) Ceci n'est pas une critique des institutions qui nous régissent. C'est une exposition générale de la situation, telle que le gouvernement actuel l'a trouvée, et à laquelle il cherche à remédier, de son mieux. Mais il n'y réussira complètement qu'en employant les *grands moyens* que nous avons indiqués dans notre *Démocratie*. Jusque là, il pourra bien nous donner l'ordre, la sécurité, la confiance, la prospérité et peut-être même la liberté, mais dans une mesure qui ne saurait satisfaire les justes aspirations de la France, bien que la sagesse conseille de se tenir également éloigné d'un optimisme trompeur et d'un pessimisme décourageant : disposition d'esprit dans laquelle nous nous trouvons personnellement, quoique nous soyons obligé, comme moraliste, de présenter dans toute leur nudité les plaies que nous nous proposons de guérir.

Cet Idéal d'organisation *pratique* que nous avons proposé, n'est pas une conception *chimérique*. C'est, au fond, la constitution même de la France, puisque nous le faisons consister dans la vaste synthèse de tout ce qui est resté debout de quatorze siècles de tâtonnements monarchiques et de soixante-dix ans de gâchis révolutionnaire. Cet Idéal, se composant ainsi de tous les éléments vivaces de notre société actuelle mieux organisés et plus largement développés, n'est donc pas une imitation ou une copie anglaise ou américaine, inapplicable à une nation élevée pendant quatorze cents ans, par le catholicisme, à la grande école de l'unité; c'est, au contraire, un original destiné à servir de modèle aux nations catholiques qui tournent dans notre orbite comme des satellites.

En vue de cet idéal magnifique, nous avons essayé de trouver, et nous croyons avoir trouvé une solution à toutes les impossibilités que nous venons de signaler. Mais, c'est dans notre livre, où nous les avons largement exposées, qu'il faut aller chercher ces solutions, qu'il serait trop long d'énumérer ici.

IX. — Ajoutons cependant que, sans la religion, toutes ces solutions et celles qu'on pourrait imaginer, seraient inefficaces et sans utilité pour l'établissement de la Liberté, qui est l'objet que nous nous proposons en ce moment. Sans la religion, en effet, tout est défectueux. Un homme qui n'est pas religieux est un homme incomplet, un gouvernement irréligieux est un gouvernement méprisable, et une démocratie sans religion est une horreur; et ce qu'on a de mieux à faire pour se préserver de ses atteintes, ce n'est certes pas de lui donner la Liberté, mais de lui passer la camisole de force au plus tôt. Or, voilà soixante-dix ans qu'on travaille à faire une démocratie sans religion! Quel aveuglement! Une monarchie, une aristocratie, une académie, un salon, une famille même sans religion, c'est déjà quelque chose de bien hardi. Mais une démocratie sans religion, y a-t-on bien pensé? Une démocratie sans religion, en France et à Paris où tout converge, c'est quelque chose de si audacieux, de si insolent, comme conception politique, que nous ne pouvons comprendre comment une pareille idée a pu germer dans la cervelle des hommes.

Un peuple sans religion est par cela même un peuple sans philosophie, sans sagesse, sans instruction, sans vertu, sans mœurs ; car l'étude de la métaphysique et de l'esthétique étant au-dessus de sa capacité et de ses loisirs, on lui ôte tout si on lui ôte la religion. N'eût-elle à offrir aux croyances populaires que l'unité et la personnalité de Dieu, l'immortalité de l'âme et la morale de l'Évangile, la religion, nécessaire à tous, peut seule initier le peuple à la véritable sagesse, et mettre à sa portée, sous des formes augustes et parfaitement compréhensibles, la seule philosophie qu'il soit en état de comprendre. Oter la religion de l'âme du peuple, c'est le vouer à l'infamie ou au crime, c'est le ployer sous le joug abrutissant de la servitude, en lui ôtant la possibilité même d'être libre ; c'est le placer dans l'impossibilité absolue de se régénérer, de s'élever ; c'est le tromper indignement, c'est être son plus cruel ennemi ; et c'est perdre la France en même temps !

La religion est l'âme de la politique, et elle est, sous peine de mort, nécessaire à la démocratie française. Il y a longtemps que nos amis le disent, et longtemps qu'on les prend en pitié pour l'avoir dit. Eh bien ! rendons-leur pitié pour pitié à ces hommes politiques, à ces hommes d'État qui se croient quittes envers la religion quand, une fois dans le cours de leur vie, ils ont laissé tomber de leurs lèvres dédaigneuses, que la religion est une nécessité politique et sociale ! Ah ! ce ne sont pas là des hommes politiques, et encore moins des philosophes, mais des enfants, qu'il faut conduire par la lisière à la grande école de l'Ordre et de la Liberté.

X. — Un des hommes de notre temps qui pouvait le plus éloquemment faire ressortir cette nécessité, sous peine de mort, de la religion dans les démocraties, en montrant non pas la beauté, mais l'incurable misère de la démocratie américaine, justement pour avoir introduit dans son sein un élément contraire à l'esprit du christianisme, le père Lacordaire, a dit, dans son discours de réception à l'Académie française, que l'avenir appartenait incontestablement à la démocratie. Ce n'est pas seulement l'avenir qui appartient à la démocratie, c'est aussi le présent, et elle nous déborde même depuis longtemps, malgré les vaines apparences auxquelles se raccrochent encore, comme aux épaves du naufrage, les derniers survivants d'un monde qui s'en va.

M. de Tocqueville a vu et a analysé la chose; mais il s'en est allé tristement, sans pouvoir se rendre compte des moyens à prendre pour surmonter les difficultés et conjurer les périls. Avait-il la foi? M. Guizot, sans trop savoir où il allait, a marché droit et le front haut à la rencontre de la démocratie, le drapeau de la philosophie, le drapeau du protestantisme et le drapeau du catholicisme à la main; faut-il être malheureux (1)! Et, voulant enrayer le mouvement, il n'a trouvé d'autre expédient que de mettre une borne où il fallait une élastique. L'illustre publiciste espérait pouvoir contenir les masses dans les toiles d'araignée des fictions constitutionnelles. Il s'est trompé, et il a succombé, faute d'avoir recouru aux moyens les plus simples. Ces moyens, nous les exposons amplement dans notre *Démocratie*.

Or, de tous ces moyens, le moyen héroïque, le *grand moyen*, sans contredit, c'est toujours la religion, opposant une digue à l'anarchie des croyances et au fractionnement des partis. Le grand moyen, c'est le christianisme appliqué à l'état social, politique et international; le christianisme qui « voit tout dans l'unité (2) », et ramène tout à la charité. Le *grand moyen*, c'est l'Église du Christ avec ses *jésuites*, ses *capucins* et ses *ignorantins*, — que le *Siècle* nous le pardonne! — amenés, *par la force des événements*, à voir les choses comme elles sont, comme Dieu les veut et comme, au fond, ils les veulent eux-mêmes, à en juger par leurs hommes éminents, le P. de Ravignan, le Père Lacordaire,

---

(1) Voyez sa brochure du *catholicisme*, du *protestantisme* et de la *philosophie*, qu'il considère comme des éléments essentiels de la société française ayant droit aux mêmes respects. Il est revenu sur cette idée, qui lui tient à cœur, dans sa réponse au P. Lacordaire. Pauvre philosophie! pauvre politique! pauvre France!

(2) *Imitation*, chap. VII, v. 2.

le P. Gratry, des fils de Loyola, de Saint-Dominique et de l'Oratoire, qui, certes, ont autant de droits à la liberté, et font aussi belle figure dans leur patrie que ceux qui voudraient les en chasser. — Le *grand moyen*, (si Dieu le permettait, malgré les vœux les plus respectables et une auguste résistance,) c'est le pape brutalement dépouillé et jeté à la rue avec ses cardinaux, par le mouvement irrésistible (1) de la révolution, qui détruit tout, qui emporte tout ; c'est le pape, réduit par cette impitoyable exécution, à la condition des papes primitifs, à la condition de Jésus-Christ, n'ayant comme lui d'autre diadème qu'une couronne d'épines, et d'autre sceptre que la croix. Le *grand moyen*, c'est le pape à l'état d'holocauste, les mains élevées vers le ciel, implorant, sur les ruines de l'ancien monde qui s'effondre, non la colère de Dieu amplement satisfaite par cet immense écroulement, mais sa miséricordieuse indulgence ; le pape ramenant ainsi, par ce spectacle émouvant si propre à frapper l'imagination des peuples, les nations et les communions dissidentes à l'unité chrétienne. Car il ne faudra rien moins peut-être que ce moyen d'action extraordinaire pour arrêter la décomposition d'une société entièrement blasée, et que les moyens ordinaires de prosélytisme laissent froide et indifférente ; d'une société qui, livrée corps et âme à la passion du lucre, à l'ambition du Pouvoir et des dignités, et à l'amour immodéré des plaisirs et des jouissances, a besoin d'être fortement fouettée et secouée par cette grande image du pape, personnification vivante du Christ pauvre, n'ayant pas même où reposer sa tête ; du pape n'ayant d'autre appui que Dieu, et prêchant du haut de cet abaissement, avec chance d'être écouté cette fois, non pas la liberté, comme des extravagants le voudraient, mais ce qui fait la liberté, c'est-à-dire, le mépris des richesses, des honneurs, de la puissance mondaine, le détachement des affaires du siècle, l'amour des hommes, la concorde, la paix, l'unité. Car toutes ces choses, correctif nécessaire d'une démocratie empoisonnée par l'erreur et le sensualisme, peuvent

(2) Le général Garibaldi, dans une de ses lettres du mois de novembre disait : « J'ai reçu de Dieu la puissance. » C'est le mot d'Attila : « Je suis le fléau « de Dieu. »

seules empêcher la science de dégénérer en matérialisme, l'industrie en industrialisme, le commerce en mercantilisme, la monarchie en tyrannie, la cour en école de dissolution, la liberté en licence, la démocratie en démagogie, la philosophie en impiété. Et nous ne savons encore, tant le mal est profond! si même ces moyens extraordinaires, que Dieu nous ménage peut-être dans sa bonté, seront suffisants pour remettre à flot une société assez criminelle pour vouloir tout renverser, rois, papes, dynasties, avec l'impudence hautement affichée de ne mettre à la place que des gens qui ne croyant à rien, sont aussi incapables de fonder des royaumes que ceux qui les possèdent sont incapables de les garder.

Espérons, toutefois, puisque la vie chrétienne est un mélange d'espérances et de craintes, que la décomposition européenne une fois à son comble, les populations effrayées, et ne sachant où se prendre, se rejetteront dans l'Église, réduite, par les nouveaux barbares, à sa plus simple expression, à l'expression apostolique. Espérons aussi que Dieu lui rendra alors, sous une autre forme et au centuple, les biens périssables qu'elle aura perdus, c'est-à-dire, l'éclat, la puissance, la vertu, la sainteté, l'efficacité irrésistible du Verbe évangélique, et généralement tout ce qui lui sera nécessaire pour accomplir sa mission, qui est de refouler toutes les mauvaises passions, en faisant rentrer sous terre la Révolution et ses hommes, une fois leur tâche de démolition accomplie. Car la mission du pape n'est pas de se mettre à la tête de la révolution, comme le lui conseillait M. de Lamennais, un fou; mais de marcher droit à elle, la croix et la parole hautes, sans pactiser avec les rois coupables, et sans rivaliser de luxe et de pompe avec les cours (1), afin de ramener rois et peuples au giron, s'il en est temps encore!

(1) On doit rendre à la plupart des papes qui sont venus après Léon X, ce glorieux témoignage que, non-seulement ils n'ont pas rivalisé de luxe et de pompe avec les cours, mais qu'ils ont vécu avec une édifiante simplicité, pratiquant les conseils de l'Évangile, et même quelques-uns les sévères austérités des ordres religieux d'où ils étaient sortis. Pie IX est un modèle en ce genre. Que serait-ce si nous faisions ressortir ici le divin contraste des papes primitifs, opposant à la dissolution de l'empire et à l'apothéose de l'esprit d'orgueil et de domination des empereurs, le touchant spectacle de l'humilité, de la pauvreté et de la simplicité évangéliques, qui ont sauvé une société qui ne valait certes pas mieux que la nôtre?

On voit combien nous sommes loin de vouloir l'inféodation au pouvoir des hommes de destruction, instruments inconscients de la providence divine, qui saura bien, s'ils ne deviennent meilleurs, les briser à leur heure, pour les remplacer par des hommes mieux appropriés à l'accomplissement de l'œuvre nouvelle.

XI. — Mais n'y a-t-il que cette alternative de possible : des écroulements sans fin, ou une organisation réellement et foncièrement chrétienne de la démocratie dans l'ère de laquelle nous sommes irrévocablement entrés? Hélas! il y a encore une autre alternative, celle que nous redoutons le plus, celle des replâtrages, des compromis, des transactions déshonorantes, où la religion au lieu d'aller se retremper dans son principe, ferait avec le monde des accommodements, où les rois offriraient au chef de l'Eglise et aux cardinaux des sénatoreries, des sinécures, de l'or, des dignités (1), à la place de la royale souveraineté qu'ils leur auraient ravie; où catholiques, dissidents et philosophes se donnant la main, chercheraient dans une paix plâtrée à s'arranger de leur mieux de l'état social actuel; où les Saints,

(1) M. de Cavour a fait offrir *cela* au Pape et aux cardinaux. Mais si, devant une force majeure tout à fait irrésistible, Pie IX venait à être chassé de son trône, ce ne sont pas des palais de roi, ce sont d'humbles retraites qui s'ouvriraient devant lui et devant ses cardinaux, comme devant les papes et les évêques de la primitive Eglise, en attendant que l'Italie pût, sous une autre forme, rouvrir ses bras au nouveau *Pierre*, entouré d'un nouveau collège d'*apôtres*. Car le Pape ne peut être que *Roi* ou *Christ*, toute situation intermédiaire ne pouvant, faute de grandeur, agir efficacement sur l'âme des peuples. Mais alors commencerait pour la Papauté une existence toute différente. N'ayant d'autre appui que Dieu, si *tous* les appuis humains, — c'est toujours notre hypothèse, — venaient à lui faire défaut, Pie IX, avec la sereine suavité de la majesté apostolique, adresserait aux Eglises mêmes dissidentes, non plus seulement des encycliques, mais des épîtres comme saint Jacques, saint Jean, saint Paul et saint Pierre. Et cette prédication puissante, sortant non d'un palais, mais d'un modeste asile, produirait sur les masses un effet irrésistible; et peut-être qu'alors il nous serait donné de voir la fin de la révolution et le retour à l'unité des nations dissidentes. Or Pie IX serait certainement au niveau de cette mission sublime si Dieu venait à la lui imposer, et il aurait l'âme assez haute pour repousser avec indignation un état fastueux qui ne serait pas en rapport avec sa nouvelle situation et ne servirait qu'à voiler sa dépendance. Il laisserait au *Roi* les palais et sa liste civile; il ne prendrait avec lui que la croix. Or avec cette croix il serait, à partir de ce jour, mille fois plus fort et plus indépendant que son spoliateur!

Le Pape et les évêques s'étant prononcé sur cette question, nous nous inclinons respectueusement devant leur opinion, mais si le dénouement était contraire à leurs désirs les plus chers, nous ne faisons qu'un vœu, c'est que Pie IX soit Pie IX jusqu'au bout. Or il le sera, ne serait-ce que pour porter

comme par le passé, protesteraient seuls contre cet applatissement universel des âmes! Applatissement d'autant plus irrémédiable, qu'une prospérité momentanée, conséquence de cette pacification menteuse, pourrait bien faire illusion sur les âmes faibles et simples. On aurait alors un *à peu près* de sécurité, de grandeur, d'ordre, de liberté, de Religion, comme depuis 1789; mais jamais une construction solidement assise, et un état vigoureusement constitué au physique et au moral. Rien ne serait perdu, tout miroiterait même à la surface. Nos grands hommes de la finance, pourraient, entre deux révolutions, continuer leurs opérations de bourse avec un calme suffisant pour les liquider fructueusement. Équipages, toilettes, fêtes, tout fleurirait, brillerait, resplendirait même pompeusement, comme sous les premiers césars le luxe proconsulaire. La France à son apogée et avant de déchoir jetterait surtout l'éclat d'un magnifique météore, et nous aurions pendant quelques centaines d'années une belle et superbe décadence.

Car voilà où nous mènent ceux qui, ne voulant pas mettre la réforme religieuse, la réforme des mœurs, à la base de

à la démagogie un coup dont elle ne se relèverait pas, et pour déjouer les ennemis de la religion qui ne demanderaient pas mieux que de lui infliger un affront irréparable, en faisant du Pape un Daïri du Japon *, afin d'avilir le sacerdoce et d'achever la ruine des croyances. Ruine inévitable avec un *à peu près* de christianisme, qui nous ferait entrer dans cette ère de décadence dont nous parlons, où la religion étant sans autorité, les mœurs iraient toujours en déclinant, jusqu'au moment fatal où la société européenne s'effondrerait dans le Socialisme.

* Il y a deux souverains dans le Japon; un souverain temporel appelé Siogoun ou Koubo, et un souverain spirituel appelé Daïri. Toute la puissance reposait autrefois sur ce dernier. Elle lui fut contestée en 1180 et enlevée en 1585 par le Koubo. Le Daïri est encore adoré comme la représentation de la divinité, mais il n'a plus ni pouvoir ni liberté. (Voyez *Dict*. de Désobry et Bachelet au mot JAPON.) Retiré au fond d'un palais magnifique où rien ne lui fait défaut de toutes les aises de la vie et du faste des cours, le Daïri n'a d'autre fonctions, avec les bonzes ou les prêtres de la religion dont il est le souverain pontife, que de recevoir les adorations de ses sujets, tandis que le Koubo, moins pompeusement encensé, remplit toutes les fonctions utiles de la royauté. Or c'est la situation que M. de Cavour voudrait faire au Pape et au sacré collège en les dotant richement et en faisant avec eux le partage des palais de la ville éternelle. Dans de pareilles conditions, nous aurions sans doute encore une religion, mais une religion qui ne vaudrait pas mieux que la société en décadence qu'elle serait incapable de régénérer. Tandis que dans l'hypothèse où le Pape et les cardinaux seraient impitoyablement dépouillés, on aurait encore la religion du Christ, avec une vitalité suffisante pour mettre un terme à la dissolution sociale.

toutes les autres réformes, ont la prétention de nous conduire, de conduire une démocratie de trente-cinq millions d'hommes inquiets de leur lendemain, comme on conduirait des pantins avec les ficelles de la politique et de la diplomatie, ou avec ces tours d'équilibrisme parlementaire des derniers règnes à nous casser le cou, ou avec les mots à faire tourner la tête aux masses de Liberté, Égalité, Fraternité, s'exhalant des tabagies suspectes où les sociétés secrètes tiennent leurs réunions.

Que faire donc, et sur quoi s'appuyer? Sur l'ancien régime? mais il est en lambeaux partout! et les événements qui se pressent de toutes parts emportent en ce moment ses derniers restes. Demain peut-être, ce régime, à jamais flétri et condamné, n'aura plus un seul représentant debout, et il se sera accompli dans le monde une transformation du tout au tout, sans précédents dans l'histoire depuis l'avènement du christianisme; évolution radicale qui certes devrait ouvrir les yeux à ceux qui s'obstinent à les tenir fermés malgré l'évidence des faits.

Nous voilà donc acculés au pied du mur; forcés par Dieu même qui conduit ces événements, d'opter — entre le gouffre béant de la démagogie où nous pousse l'ancien régime révolutionnaire qui ne vaut assurément pas mieux que l'ancien régime vermoulu du passé, — ou bien une organisation politique et sociale sérieusement et radicalement chrétienne, telle à peu près que nous avons essayé de la formuler dans notre *Démocratie*, comme étant la seule capable de nous sauver. — A moins que nous ne préférions aller à l'Académie apprendre de M. Guizot, passé maître en fait de *conservation*, comment on peut faire vivre encore pendant des siècles, avec de faux grands airs et en *y mettant chacun du sien*, une société mollement bercée sur le Gouffre par les mains des panthéistes, des rationalistes, des déistes, des sensualistes, des matérialistes, des juste-milieu, des démocrates, des doctrinaires, des dissidents, des juifs, des catholiques, qui composent cette auguste assemblée, image en raccourci de notre malheureux pays et de la paix trompeuse qu'on lui promet pour l'endormir.

Qu'on ne s'imagine pas cependant que nous rêvions une société chimérique à force de perfection. Hélas! si nous pouvions nous abuser à ce point, notre fragilité ne nous avertirait que trop qu'on « ne doit pas être plus sage qu'il ne faut. » Ce mot est de saint Paul, et nous le rappelons souvent aux exagérés de tous les partis et à nos amis surtout. Mais nous repoussons avec indignation le pêle-mêle des doctrines, estimant que les rapports humains doivent être réglés sur la justice, la vérité, la droiture, la Religion, et non sur cette indifférence débilitante et cette religiosité délétère, qui servent de base à tous les pots-pourris de nos modernes replâtreurs.

XII. — La tâche que nous avons entreprise était difficile, hardie et au-dessus de nos forces, nous l'avouons, et ceux qui nous connaissent savent combien cet aveu est sincère. Aussi avons-nous fait un appel aux *hommes nouveaux*, aux hommes qui ne sont pas encore compromis dans les luttes passionnées des partis, et n'ont pas souillé leur jeunesse à leur contact impur. Notre société étant une démocratie à convertir et à organiser hiérarchiquement et chrétiennement avec les éléments monarchiques et catholiques de conservation qu'elle tient de ses traditions séculaires; avec ses corporations, ses corps constitués, son église; avec ses associations religieuses, civiles et de bienfaisance; il faut, pour accomplir cette œuvre capitale vraiment neuve et originale, non des hommes usés ou qui s'usent, mais des hommes jeunes et foncièrement intelligents; n'aimant pas seulement la liberté, mais en comprennent les conditions, afin de ne pas nous trouver acculés encore une fois aux abîmes où les libéraux nous ont si souvent précipités.

Puisse donc la jeunesse studieuse et intelligente, se méfier de ces pilotes inexpérimentés, qui ne nous sont connus que par leurs naufrages! Et puisse-t-elle comprendre aussi que l'avenir est aux jeunes hommes religieux et honnêtes qui, peu nombreux encore, sauront bien se faire respecter le jour où ils seront forts, et qui deviendront forts si, dans leur haute et fière indépendance, ils savent se concilier l'opinion, en étant dignes et respectueux vis-à-vis du Pouvoir et de la Loi, et dévoués surtout à la Religion, qui, ayant seule la puissance de transformer les individus, peut seule aussi transformer les tendances révolutionnaires de notre démocratie en tendances éminemment chrétiennes ou conservatrices. Le rôle que la jeunesse religieuse a à remplir, dans la France de l'avenir, n'est pas un rôle secondaire; elle doit avoir l'ambition d'être quelque chose par elle-même. Au lieu d'être la doublure honorable des partis, et de se traîner à leur suite, sa mission est de les dominer, puisque, hélas! il lui serait impossible de les absorber. Ayant une vie à elle, il ne lui manque que d'avoir conscience d'elle-même et de sa force pour constituer une autonomie puissante. Et cette autonomie, qui se traduira au dehors et dans la pratique de la politique et des affaires, en un parti infiniment respectable et bientôt prépondérant, il dépend d'elle de la constituer quand elle le voudra, puisque seule elle a une doctrine et des principes.

Ce qui se passe dans les régions du pouvoir ou du parlement est sans doute très-important, et répond aux nécessités du moment; mais tout cela est peu de chose, à côté de ce grand intérêt patriotique, consistant à assurer l'avenir de la nation en réformant ses mœurs, seul moyen de fortifier le pouvoir en ouvrant à la liberté un horizon sans limites; horizon que sans doute M. Troplong, dans son rapport au sénat, n'a pas voulu fermer devant nous, contrairement aux promesses de la constitution et aux intentions du gouvernement, hautement manifestées dans les circulaires de M. de Persigny.

Tout ce qui se fera en dehors de cette politique supérieure ne pouvant être que replâtrage ou paroles vaines, nous devons travailler, tant que nous sommes jeunes, à préparer l'avenir magnifique que la providence nous réserve, si nous savons le mériter par une conduite irréprochable et une grande pureté de principes, avantage inappréciable que nos ennemis ne sauraient nous disputer.

XIII. — Nous n'ajouterons qu'un mot en finissant cette nouvelle introduction, c'est que nous n'avons rien à changer à notre livre. Composé il y a un an, quand le roi de Naples, encore à la tête d'une armée de cent mille hommes, régnait paisible dans ses états, nous avons annoncé la chute de ce prince, et manifesté des inquiétudes sur le sort de la maison de Habsbourg; nous avons également pressenti que l'empereur Napoléon III serait forcément amené à faire quelques concessions libérales; nous ne voyons donc pas ce que nous aurions à retrancher ou à modifier, aujourd'hui que les événements se sont accomplis suivant nos prévisions.

XIV. — Il ne nous reste plus qu'à remercier nos amis de l'accueil qu'ils ont fait à ce livre. L'impression singulière qu'il a produit sur quelques-uns nous a d'autant plus encouragé, que nous ne saurions l'attribuer à notre mérite personnel, dont nous connaissons l'insignifiance mieux que personne, mais, à la force des idées que nous avons l'honneur de servir, et qui nous obsèdent et nous usent depuis vingt ans, depuis notre entrée dans le monde.

L'accueil chaleureux qui, malgré la forme peu séduisante d'un ouvrage où il est beaucoup question de morale (1), a été fait à ces idées par un élite de jeunes esprits, dont le pays aura bientôt à apprécier le talent distingué, nous donne la certitude qu'elles sont appelées à faire leur chemin. Aussi sommes-nous disposé à donner une explication, non sur notre défaut de courage personnel, car, Dieu merci, la bonne volonté ne nous a jamais abandonné, mais sur le profond découragement que nous inspire le public de notre temps, qu'on nous a accusé de juger sévèrement. Nous n'avons rien à retrancher de notre appréciation sur le peu de ressources qu'offrira jusqu'au bout la génération qui s'en va. Mais une partie notable de celle qui la suit sera meilleure, si nous en jugeons par ce qui se passe autour de nous; et nous espérons bien qu'encore cette fois nos pressentiments seront justifiés par l'événement.

Mais cette réserve faite, nous n'éprouvons aucun regret de la sévérité de nos jugements, et nous nous reprochons même notre indulgence. Vous faites table nette, nous dit-on, des illustrations politiques, philosophiques et religieuses

---

(1) « Je ne fais pas de la morale, me disait un de nos plus illustres écri-
« vains; c'est si ennuyeux ! »..... et si peu lucratif ! ajoutai-je en moi-même.

qui honorent la France. Non, et nous faisons même à quelques-unes l'hommage du génie. Mais tout se trouvant sophistiqué dans notre pauvre société, et parfois même la religion, ces éminents esprits nous semblent lui ressembler un peu pour trop vouloir la courtiser et s'adorer en elle, comme ces ascètes de l'Orient adorant Dieu les yeux fixés sur leur nombril. De là cette éclipse totale du vieux bon sens français, depuis longtemps voilé sous l'épaisse fumée de cet encensement de soi-même dans une société vicieuse. D'autres, au contraire, les hommes de bon sens, les mécontents, les déchus, les dépouillés, qui vivaient grassement des privilèges et des abus du bon vieux temps, comme le rat de La Fontaine de son fromage de Hollande, maudissent, à tort et à travers, sans aucun souci des principes, sans distinction aucune, cette même société, assez peu marâtre pour traiter chacun de nous sur le pied d'égalité, comme une mère ses enfants. Tandis que d'autres, les *libéraux*, nous font un crime de vouloir que le prêtre affranchi, se tenant à sa place, — à l'autel, à l'école, au lit du malade, sur les libres Hustings de la tempérance, de la concorde et de la charité évangéliques; — le magistrat s'y tienne aussi, scrupuleux observateur des droits et des prérogatives du sacerdoce, afin de faire respecter, en le respectant tout le premier, le grand et fécond principe de la division des attributions, qui est à la politique ce qu'est à l'industrie le principe non moins fécond de la division du travail. Témoin de toutes ces confusions, et indigné de ces scandales, nous réagissons contre notre siècle. C'est notre droit, et, pour mieux décliner la responsabilité de ces folies, nous l'exerçons de notre mieux, sans en éprouver aucun remords.

Ah! nous sommes injuste envers les hommes politiques, et même quelquefois envers les hommes religieux de notre temps? Mais en connaissez-vous beaucoup, — je parle surtout des premiers, — ayant toujours l'Évangile à la main quand il s'agit de politique, sinon pour faire des entorses au texte sacré, si clair, si lumineux, si dépourvu d'ambages?

Vous possédez donc la vérité politique? Oui, puisque nous avons le courage de la dire à chacun, au risque de nous faire haïr de tous : toujours respectueux d'ailleurs, et jamais le courtisan de personne, et encore moins du parti auquel nous nous honorons d'appartenir. Il en a bien assez ! et nous croyons mieux le servir par notre droiture et notre indépendance, que d'autres par leur duplicité ou par leur servilisme.

Vous feriez peut-être mieux de vous taire ? Sans doute. Mais comment se taire, quand, par idolâtrie ou par haine de ce qu'on appelle pompeusement *les idées modernes!* on érige en maximes d'état les paradoxes de Jean-Jacques, ou les visions rétrospectives de cette école du passé, s'épuisant en efforts impuissants pour conserver......... l'impossible, et restaurer......... le néant. Comment se taire, quand l'exagération courant les rues, c'est en vain qu'on y chercherait un homme doué de cette sagesse et de cette mesure du philosophe, qui faisait dire à saint Paul : « Que votre foi soit « raisonnable, et ne vous conformez pas au *siècle présent,* « mais qu'il se fasse en vous une *transformation* par le *re-* « *nouvellement de votre esprit,* afin que vous reconnaissiez la « volonté de Dieu, et ce qui est bon, parfait et agréable à ses « yeux. Aussi je vous exhorte tous......... à ne pas être « sages plus qu'il ne faut, mais avec sobriété. » (Rom., ch. XII, 1, 2 et 3.)

Vous possédez donc la sagesse ? Pourquoi pas, puisque nous n'avons pas, comme nos modernes penseurs, la prétention d'être plus sage, ni autrement sage que l'Évangile ?

Votre livre est plein de réticences contre l'insuffisance et l'inaptitude intellectuelle et politique d'une partie du clergé, d'ailleurs, selon vous, si intéressante, si distinguée et si digne de respect sous tant d'autres rapports. A qui la faute ? Si elle est un peu au clergé, n'est-elle pas aussi à tout le monde, et surtout à ces hommes politiques qui aujourd'hui caressent le clergé, et pour cause ! et qui, au Pouvoir, se sont de tout temps opposé comme les autres (1), à l'établissement de ses universités et de ses écoles ?

(1) A l'exception de cette pauvre et innocente république de 1848, qui laissait tout faire, même le bien, et qui, par une inconséquence singulière, détruisait la république à Rome pour y rétablir la royauté! tandis que, par une inconséquence non moins singulière, c'est aujourd'hui une monarchie qui renverse cette même royauté, mais, cette fois, pour se mettre à sa place..... Encore un signe du temps et du gâchis où nous vivons.

Vous calomniez la société. Non ; nous l'honorons, au contraire, à beaucoup d'égards, et autant qu'elle le mérite ; mais, si on nous parle de sa philosophie et de sa religion, nous disons qu'elle a perdu la boussole, et, qui pis est, nous le prouvons. Et, tel est notre endurcissement à cet égard, que nous demandons chaque jour à Dieu de susciter un Tacite, flanqué d'un Juvénal chrétien, pour mettre à nu les travers d'un pays où tout le monde a du bon sens, et où pourtant chacun déraisonne, et surtout ceux qui tiennent école de sagesse, — littérateurs, savants, politiques, journalistes, moralistes, philosophes, — par ambition, par cupidité, par courtisanerie, par amour du plaisir et du luxe, par fainéantise, par soif de domination, par le désir de la vie facile et de la religion en pantoufles, par esprit de désordre et d'impiété s'étalant sans vergogne devant le peuple, notre seigneur et maître, qui tire les conclusions pratiques!!!

XV. — Nous venons de parler longuement de nous-même. Nous savons combien c'est malséant, mais nous tenions à cœur de répondre aux reproches de sévérité qu'on nous a adressés. Loin de convenir de nos torts, nous persistons dans notre manière, persuadé qu'elle est de beaucoup la plus propre à servir notre cause. Étant, avec quelques rares amis, les seuls en France qui voulions *sérieusement* et *sincèrement* la liberté, puisque nous sommes les seuls à la vouloir avec les conditions qui la rendent possible, nous avons pensé que ce qu'il y avait de mieux à faire c'était de procéder résolument à des exécutions sommaires.

On nous a reproché aussi, le croira-t-on ! notre respect pour l'autorité et notre crainte des lois, pour n'avoir pu dire au Pouvoir qu'*une partie* de la Vérité. Mais notre conscience nous donne l'assurance qu'on ne doit jamais se repentir d'être respectueux, et que la crainte des lois, salutaire en tout temps, ne l'est pas moins dans celui où nous sommes. *Initium sapientiæ timor domini*, la crainte du *Maître* est le commencement de la sagesse, et elle ne porte d'ailleurs aucun préjudice à la Vérité, dans un pays où tout se comprend à demi-mot. Cependant, si, dans notre livre, nous n'avons dit au Pouvoir qu'*une partie* de la Vérité, nous n'avions pas à garder les mêmes ménagements vis-à-vis de nos contemporains. Aussi, voulant qu'ils se rendent dignes de cette liberté qu'ils désirent, comme des enfants, pour jouer avec le feu, nous leur avons dit franchement et crûment *toute* la vérité : puissent-ils nous le pardonner.

XVI. — Nous avons été quelquefois presque aussi franc pour nos amis; mais ils sont trop sages et trop sensés pour ignorer que les sages ne sont pas impeccables, et que les plus sensés ne sont pas toujours les plus raisonnables. Nous les prierons, en outre, de vouloir bien considérer que, pour agir fortement sur les autres, la première condition est d'être sans pitié pour soi-même. Et, s'ils sont effrayés des sinistres pressentiments de notre pessimisme, nous aimons à espérer qu'ils trouveront un adoucissement à leur malheur, dans la pensée que nous ne vivons pas à une époque ordinaire, mais dans un temps où toutes les idées sont et doivent être renversées, et toutes les affections déjouées. Car, Dieu ayant surpris l'ancienne société en flagrant délit d'idolâtrie d'elle-même, l'a livrée aux exécuteurs de ses hautes-œuvres, pour lui faire expier ce crime irrémissible, en attendant qu'il fasse souffler sur la nouvelle le vent de sa miséricorde.

Vivons donc dans la crainte et la soumission, comme des victimes expiatoires; mais, que des hauteurs de ce nouveau Golgotha, notre horizon agrandi, en rehaussant nos pensées, relève notre espoir et notre confiance!

Paris, 2 Février 1861.

LA

Liberté de l'Enseigne

(UN ARGUMENT JURIDIQUE OU

A. VAVASSEU

Maire du IIe Arrt de Paris
Ancien Avocat à la Cour d'Appel
Ancien Maître des Requêtes

PARIS

FONTEMOING, ÉDITEUR

4, Rue Le Goff, 4

# LA
# Liberté de l'Enseignement

## (UN ARGUMENT JURIDIQUE OUBLIÉ)

### A. VAVASSEUR

Maire du II<sup>e</sup> Arr<sup>t</sup> de Paris
Ancien Avocat à la Cour d'Appel
Ancien Maître des Requêtes

PARIS
FONTEMOING, ÉDITEUR
4, Rue Le Goff, 4

LA

# LIBERTÉ DE L'ENSEIGNEMENT

---

## I

En adoptant ce titre pour l'étude à laquelle je vais me livrer, je m'expose à un reproche, peut-être mérité, car il implique une sorte d'affirmation, me dira-t-on, alors que la question est posée comme sujet à traiter. Soit ! pour éviter la pétition de principe, mettons un point d'interrogation ?

C'est, en effet, l'une des questions le plus ardemment discutées aujourd'hui. L'enseignement doit-il être libre ?

Ce qui tout d'abord doit mettre en défiance contre les partisans de la liberté absolue, c'est qu'en toute autre matière, politique ou sociale ils ne sont rien moins que libéraux ; l'un d'eux, il y a longtemps déjà, a même avoué, en un jour de franchise, qu'ils étaient libéraux dans l'opposition, mais, parvenus au pouvoir, qu'ils reviennent à leur nature autoritaire. La liberté n'est donc pour eux qu'une arme de combat, une arme suspecte, un terme équivoque, capable de dissimuler la plus redoutable tyrannie. En voici un exemple récent, emprunté à la plus haute autorité qu'ils reconnaissent :

Dans sa dernière Encyclique, qu'il appelle son testament, le pape Léon XIII définit la liberté « la faculté rationnelle « de faire le bien, largement, sans « entraves, et suivant les règles qu'a « posées l'éternelle justice. » C'est la liberté du bien et l'on sait ce que cela veut dire. Liberté commode, que les plus grands despotes auraient pu et pourraient revendiquer, mais liberté apparente et fausse, puisqu'elle ne laisse pas le droit de faire autre chose que ce qui est jugé bon par eux-mêmes. Puis voyez la contradiction : Il ne doit pas y avoir d'entraves à l'exercice d'une telle liberté ; cependant elle est soumise à des règles, et quelles règles ? Celles qu'a posées l'éternelle justice, répond l'Encyclique ; c'est-à dire, les règles posées par les hommes qui se donnent comme les interprètes de la pensée divine. Et l'auteur de l'Encyclique n'est pas seulement un homme de grande intelligence, mais encore d'une bonne foi parfaite. On peut n'être pas un sophiste, et commettre des paralogismes.

Voici un autre exemple, non moins récent, venant, celui-ci, du monde parlementaire : L'Alliance républicaine progressiste du Sénat vient de publier un manifeste électoral, où il est dit : « Par« tisans résolus de la suprématie du pou« voir civil, nous entendons qu'il respecte « la liberté de conscience de tous les

« citoyens, et sous le contrôle impartial de
« l'État, la liberté de l'enseignement. » Mais,
d'une part, quel sera ce contrôle ? S'il est
sérieux, il va gêner au contraire la liberté de l'enseignement. D'autre part, comment concilier la suprématie du pouvoir
civil avec la liberté d'enseigner concédée
aux congrégations religieuses, autorisées ou non autorisées, sans excepter la
Société de Jésus, autrefois condamnée
par le Parlement, expulsée par les Rois,
et aujourd'hui triomphante. Il est difficile,
tout en voulant rester modéré, de ne pas
accuser un tel raisonnement de sophisme
intentionnel.

Car les politiciens connaissent la puissance des mots ; le mot de liberté est
celui dont ils ont le plus abusé, c'est
avec ce mot qu'ils passionnent et entraînent les foules ; c'est au nom de la
liberté qu'en tous temps, et par tous les
partis ont été commis les plus grands
crimes : « O liberté, s'écriait en montant
« à l'échafaud Mme Roland, que de cri-

« mes, ajoutons que de sottises, on com-
« met en ton nom ! »

* *

Le principe dont se réclament les partisans de la liberté de l'enseignement est vicié par une erreur fondamentale : ils raisonnent comme si cette liberté dérivait d'un droit naturel, individuel, inhérent à tout homme et à tout citoyen, alors que l'enseignement est une fonction sociale et publique, rentrant comme toutes les fonctions dans le domaine de l'État.

Cette définition est-elle exacte ? Elle n'a jamais été contestée, et elle est énoncée couramment dans tous les livres classiques, dans les répertoires de jurisprudence (1) comme une doctrine

---

(1) V. le repert. Dalloz, v° organisation de l'instruction publique, numéro 117.

Cet argument juridique paraît avoir été oublié dans la discussion récente qui a eu lieu au Sénat pour le projet de loi d'enseignement.

admise par tous et jamais controversée.

La conséquence s'impose : ces fonctionnaires doivent, comme les autres recevoir l'investiture officielle ; les directeurs de tout établissement privé seront donc nommés, et les professeurs tout au moins agréés par l'autorité publique ; et ils seront tous également révocables.

Est-ce le monopole universitaire qui serait ainsi rétabli ? En aucune façon ; car, ces fonctionnaires, non rétribués par l'État, ne seraient pas tenus d'observer les programmes officiels ; ils auraient toute liberté pour les modifier à leur gré, pour adopter des méthodes ou des procédés jugés meilleurs par eux ; et ainsi serait conservée l'émulation indispensable entre les établissements officiels et libres, ouvrant la porte à toutes les améliorations et à tous les progrès, permettant toutes les expériences, toutes les innovations qui, si elles réussissent, pourront être adoptées dans les programmes universitaires. De cela, nous avons eu sous les yeux, un exemple frappant et qui est encore dans toutes les mémoires ; c'est l'école Monge, fondée par un homme d'intelligente initiative, qui sut apporter à l'enseignement secondaire des réformes telles que le gouvernement s'en inspira pour modifier les programmes officiels.

Ainsi serait réalisé, dans toute sa vérité, l'enseignement libre, puisque les pères de famille auraient toute faculté pour choisir entre les régimes divers créés par cette concurrence. salutaire ceux qui seraient le plus conformes à leurs sentiments et à leurs goûts.

\*
\* \*

Ici se produira l'objection : Tous ces régimes, divers en apparence, seront coulés dans le même moule ; marqués de l'estampille officielle, ils n'auront pas la liberté de leurs évolutions ; et les maîtres, sous peine de révocation, suivront uniformément les chemins battus ; pour leur sécurité ils s'inclineront devant les routines admises, naturellement aussi ils cèderont aux inspirations du pouvoir dont ils dépendent ; en réalité, ce sera un monopole déguisé, sous l'apparence d'une liberté nominale et factice.

On ne m'accusera certes pas d'atténuer l'objection. J'ai voulu l'amplifier pour mieux la saisir ; et ainsi, il me sera facile de la réfuter à l'aide de cette simple distinction.

Oui, sans nul doute, ces fonctionnaires subiront l'empreinte morale de ceux qui les nomment et les maintiennent ; ils partageront le plus souvent leurs idées politiques et sociales ; ils se montreront donc comme eux, respectueux de la Constitution et des lois ; nul assurément ne saurait les blâmer de remplir un devoir inéluctable imposé à tous les éducateurs de la jeunesse.

Mais, ce qui est l'essentiel, ils jouiront d'une indépendance absolue pour les méthodes pédagogiques ; d'où résultera une diversité, qui assurera au père de famille la liberté du choix, la seule à laquelle il puisse prétendre : « La liberté des pères « de famille, dit excellemment le réper- « toire Dalloz (1), consiste uniquement « dans la faculté qu'ils doivent avoir de « choisir pour leurs enfants des régimes « d'éducation divers, suivant leurs goûts « et leurs sentiments. » Il insiste même en ajoutant que cette liberté est subordonnée à la restriction « qu'elle ne s'exercera « qu'entre des régimes d'éducation tous « animés de l'esprit commun de la Cons- « titution sociale du pays, tous conformes « au génie de la nation, tous destinés à « assurer le triomphe des principes géné- « raux et permanents qui servent de « base à toute société « chrétienne » et « civilisée. »

---

(1) *Loc. cit.*

Supprimons l'avant-dernière épithète, échappée à la plume d'un rédacteur manifestement imprégné d'esprit clérical, car ces régimes d'éducation qu'il préconise doivent évidemment être appliqués dans toutes les nations civilisées, « chrétiennes ou non ». Il est à noter au surplus que, de sa part, l'approbation de ces régimes est d'autant plus significative et donne à sa doctrine une plus haute autorité.

\*
\* \*

Nous allons lever au surplus les derniers scrupules de ceux qui se donnent comme les partisans absolus de la liberté de l'enseignement. Ils demandent le respect de la conscience du père de famille, comme de celle de l'enfant, et ils ont raison. C'est une garantie qui doit être donnée à l'un et à l'autre; elle sera pleinement assurée par la neutralité religieuse et politique qui sera imposée dans les écoles libres, ainsi d'ailleurs que dans les établissements publics.

La neutralité religieuse : quelques-uns vont se récrier ; les fanatiques vont se plaindre avec horreur de cette impiété criminelle ; ils vont pousser le cri d'alarme qui déjà leur a tant réussi : C'est l'école sans Dieu ! Singulier égoïsme, qui les empêche d'apercevoir qu'il y a à côté d'eux des incrédules, des partisans d'autres cultes, même des juifs qui n'ont pas encore été « ligotés dans les chemises soufrées », et que ceux-là ont une conscience comme eux, aussi respectable que la leur. Ils veulent la liberté, mais pour eux-mêmes, non pour les autres.

Mais s'ils répudient la neutralité religieuse, soyez sûrs qu'ils accueilleront la neutralité politique, non sans étonnement peut-être d'une telle abnégation de la part de ceux qui sont les maîtres et devraient avoir le désir bien naturel d'enseigner leurs sentiments aux jeunes générations. Elle est cependant facile à comprendre et elle sera comprise de tous ceux qui croient à la loi de justice et de liberté.

Toute hésitation des adversaires devrait donc cesser devant cette précieuse concession que nous leur offrons. C'est un échange avantageux pour eux : nous vous passons, pourrions-nous leur dire, la neutralité politique, passez-nous la neutralité religieuse ; la rhubarbe vaut bien le séné.

D'ailleurs, il importe de le dire, neutralité ne signifie pas ignorance, ni indifférence. On devra donc enseigner aux enfants l'histoire des religions et des schismes, des Constitutions et des révolutions. L'enseignement civique, inscrit au programme de l'école primaire devra continuer d'être donné, et être ajouté à celui de l'enseignement secondaire. Toutes ces leçons ont pour but d'ouvrir l'esprit de l'enfant pour lui permettre de choisir en connaissance de cause, à l'époque de la maturité, les opinions et les convictions qui serviront de guide à l'homme et au citoyen.

C'est en ce sens que s'est expliqué le récent Congrès des professeurs de l'enseignement secondaire, qui a donné de l'enseignement civique cette excellente définition : « Donner l'enseignement civique,
« c'est faire connaître d'une façon méthodi-
« que et faire comprendre aux enfants les
« différentes formes de l'association poli-
« tique, son évolution et ses rapports avec
« le milieu social et économique, » il défi-
« nit aussi l'éducation civique, qui consiste » à orienter les aptitudes intellec-
« tuelles et morales de l'enfant vers la
« méditation et la pratique prochaine de
« ses devoirs politiques et sociaux. Elle ne
« doit pas se contenter de respecter la
« liberté de l'enfant, elle la cultive, la
« développe et la moralise en y associant
« l'idée de justice et de solidarité hu-
« maine. Toute intervention dans cette
« éducation de la politique des partis est

« incompatible avec la formation d'un
« esprit libre. »

Est-ce à dire que, dans la pensée des professeurs, il devra être érigé dans chaque école, lycée ou collège, une chaire d'enseignement et d'éducation civique, où le professeur ferait un cours méthodique et régulier sur cette nouvelle et délicate matière ? Il est permis d'en douter ; et quelques-uns seront sans doute d'avis, comme moi, qu'il n'est pas besoin de ce solennel appareil pour atteindre le but. Dans les leçons de chaque jour, tous les professeurs sauront trouver l'occasion, par un mot, par une réflexion, d'appeler l'attention de l'enfant sur le côté moral ou social du sujet, d'éveiller son esprit, et l'incliner à penser par lui-même.

Au surplus, ceci est affaire de procédé, et toute liberté étant laissée à cet égard dans les institutions libres, les directeurs auront à choisir entre ce que j'appellerai l'enseignement direct ou spécial, et l'enseignement indirect ou accidentel.

Mais quelque soit le mode adopté, il devra toujours être pénétré d'une large et généreuse tolérance, comme le recommandait récemment M. Léon Bourgeois dans une conférence à la Ligue de l'Enseignement, en ce passage d'une si ferme précision et d'une si belle éloquence :

Il veut la tolérance « parce que l'Ecole
« est le lieu où les enfants des familles
« appartenant à toutes les opinions doi-
« vent pouvoir se réunir en paix, voisiner
« coude à coude pendant les longues heu-
« res des mois de l'année, sans qu'aucun
« germe de division n'y soit semé par le
« maître. Tolérance, parce qu'il faut que
« chacun des petits enfants, plus tard un
« citoyen, apprenne à respecter la bonne
« foi, la sincérité, chez celui qui sera
« peut-être son adversaire, mais qui étant
« son adversaire n'en reste pas moins son
« concitoyen. Tolérance, parce que la
« vérité est chose difficile à atteindre,
« parce qu'il faut avoir un grand orgueil

« ou une grande ignorance pour s'imagi-
« ner qu'on possède toute la vérité. Il faut
« être réservé, modeste et sincère devant
« ce que croit le voisin et devant la vérité
« dont il croit être possesseur lui-même.
« Tolérance, parce que c'est la dignité de
« la conscience qui le commande, parce
« que l'intolérance marque par là même
« qu'il craint véritablement la vérité
« contraire à celle qu'il croit posséder. »

Certes, Voltaire ne désavouerait pas ces nobles paroles, et sur ce point nous devrions être tous du même avis.

\*\*\*

Pour assurer l'observation de cette double neutralité, nous devons tous aussi reconnaître la nécessité d'un contrôle sérieux et vigilant, d'un contrôle impartial suivant le vœu exprimé dans le manifeste électoral cité plus haut, mais d'un contrôle exercé par l'État comme le reconnaît expressément le même document.

Ce contrôle a existé de tout temps sous tous les régimes, même les plus absolus, alors que l'Église était toute puissante, et que pour essayer de se soustraire à sa domination l'État se trouvait obligé d'ordonner l'expulsion des Jésuites. Il est formellement inscrit jusque dans la loi du 15 mars 1850.

Il reste à déterminer les conditions dans lesquelles doit s'opérer la transition de l'état de choses actuel à la situation qui serait inaugurée par la loi nouvelle; en d'autres termes, comment il sera possible, sans trop froisser les intérêts engagés, de sortir d'une fausse légalité pour rentrer dans le droit véritable si longtemps incompris et méconnu.

Nous touchons à la question brûlante, à l'existence des congrégations religieuses qui se livrent à l'enseignement, et qui pourront continuer de le faire, si elles ont été précédemment autorisées, comme il résulte implicitement de l'art. 18 de la loi du 1er juillet 1901.

Si dorénavant, dira-t-on, le droit d'enseigner n'est reconnu qu'aux fonctionnaires nommés par l'État, toutes les congrégations enseignantes, autorisées ou non, vont se trouver virtuellement exclues, et cette exclusion est contraire à la loi de 1901.

C'est une objection qui ne saurait arrêter ; car toute loi peut être modifiée ou abrogée par une autre; et ici la modification serait des plus légitimes, puisqu'elle ne crée pas arbitrairement un principe nouveau ; elle se borne à restaurer, à remettre en vigueur un principe oublié; elle aura cet inappréciable mérite de revenir au droit naturel en restituant aux fonctionnaires le droit d'enseigner.

La Constitution de 1848 reconnaissait des principes antérieurs et supérieurs aux lois écrites ; lorsque celles-ci violent le droit naturel, c'est un devoir de les abolir ; et c'est à bon droit que la loi nouvelle abrogera toutes les lois antérieures contraires au principe qu'elle aura restauré et consacré.

A vrai dire, cette consécration législative pourrait même paraître surabondante ; mais il est préférable qu'elle résulte du texte nouveau, ne serait-ce que pour abroger virtuellement les lois antérieures. Il devra donc déclarer expressément que le principe de la nomination par l'État des fonctionnaires de l'enseignement sera applicable à tous les établissements d'enseignement libre primaire et secondaire.

Il paraîtrait convenable d'accorder aux congrégations enseignantes un délai suffisant, une année par exemple, soit pour fermer leurs maisons, soit pour les céder à des tiers agréés et nommés par l'État.

A tout prendre, l'innovation proposée n'a rien de contraire aux anciennes traditions françaises. Sous l'ancien régime, à diverses époques, l'enseignement exclusivement religieux soulève des résistances et suscite des réactions.

Au Moyen-Age, l'Université de Paris, fondée par Philippe-Auguste, avec ses quatre Facultés ou nations, reçut le privilège exclusif d'enseigner. Au treizième siècle, les Dominicains et les Franciscains ayant ouvert des écoles rivales, elle engageait contre eux une lutte opiniâtre ; mais condamnée à la fois par le pape et par le Roi, elle dut se résigner à partager le droit d'enseignement avec ces corporations religieuses.

A l'époque de la Renaissance, ce fut contre la compagnie de Jésus qu'elle eut à se défendre. Fondée pour combattre le protestantisme et jugeant que son plus puissant moyen d'action serait l'éducation de la jeunesse, cette compagnie ouvrit de nombreux établissements qui étaient pour l'Université une concurrence menaçante et dangereuse. Cette invasion d'un ordre étranger, reconnu et patronné par le pape, souleva en France des protestations générales. Pour la combattre, l'Université vit se joindre à elle non seulement les Dominicains et les Franciscains qu'elle avait jadis repoussés, mais aussi le collège de France, établissement royal fondé par François I<sup>er</sup> en 1530.

C'est à cette occasion que l'Université demanda une consultation au jurisconsulte Dumoulin, converti au protestantisme et ennemi passionné du Saint-Siège. L'histoire de ces démêlés serait curieuse et édifiante, mais cela nous entraînerait trop loin ; qu'il nous suffise de dire qu'après l'attentat de Jean Chatel, les Jésuites furent accusés de lui avoir inspiré le régicide et bannis du royaume. C'était en 1594 ; mais Henri IV les rappela et ce fut seulement en 1762 qu'ils furent définitivement expulsés par arrêt du Parlement, les déclarant « ennemis du roi et corrupteurs de la jeunesse ».

Un pape, Clément XIV, eut même le courage de supprimer l'ordre des Jésuites; il est vrai que Pie VII les rétablit en 1814, et ce fut sans doute ce qui inspira la chanson de Béranger sur « les hommes noirs » :

>Un Pape nous abolit,
>Un Pape nous rétablit

Le gouvernement de la Restauration malgré ses attaches avec l'Eglise, décida, sous le ministère de M. de Vatimesnil d'enlever aux Jésuites le droit d'enseigner ; ce fut le résultat de l'ordonnance royale du 16 juin 1828.

Mais n'anticipons pas. Dans cette revue, si rapide qu'elle soit, on ne saurait omettre la période de la Révolution ; le problème de l'instruction devait être et fut en fait l'une des grandes préoccupations de l'esprit nouveau. Les rapports de Mirabeau et de Talleyrand à la

Constituante, de Condorcet à la Législative, de Lakanal à la Convention, resteront des monuments de science pédagogique et de philosophie sociale, toujours utiles à consulter. Ce dernier rapport concluait à l'abolition de l'enseignement religieux dans les écoles. Mais sous le Consulat, la loi du 11 floréal an 10, dont Portalis fut le rapporteur, le maintint ou le rétablit.

Le gouvernement autoritaire de Napoléon, fonda en 1808 l'Université impériale, corporation puissante, ayant à sa tête un grand maître nommé par l'empereur, jouissant de la personnalité civile, capable d'acquérir et de posséder. Conséquent avec son principe, il exigea l'autorisation préalable pour l'ouverture de tout établissement d'instruction publique ; ce fut l'objet d'un décret officiel en date du 15 novembre 1811.

D'ailleurs, même sous la Restauration, l'autorisation continua d'être exigée ; et elle ne fut supprimée qu'après la Révolution de 1830 par la loi du 28 juin 1833, qui admet la liberté de créer des écoles primaires libres, sous la seule condition que tout candidat à la direction réunit les conditions générales d'âge, de nationalité, de capacité et de moralité.

N'omettons pas de dire que pour l'enseignement secondaire, l'autorisation préalable du gouvernement avait été édictée par une loi du 11 floréal an 10, restée en vigueur jusqu'à la loi du 15 mars 1850.

La loi du 15 mars 1850, la fameuse loi, dite loi Falloux, du nom du ministre qui l'a proposée, décréta, dans toute son amplitude, la liberté de l'enseignement primaire et secondaire. Sous cette étiquette, elle séduisit quelques hommes politiques réputés libéraux. D'ailleurs elle contenait certaines dispositions rassurantes même pour les amis de la Constitution républicaine sous laquelle on vivait alors ; ainsi elle chargeait le Conseil supérieur de surveiller les établissements libres, et d'y défendre les livres contraires à la morale, à la Constitution et aux lois.

Mais il y a une lacune inquiétante. Il n'y est pas question des congrégations religieuses, exclues du droit à l'enseignement par les lois antérieures si elles ne sont pas autorisées. En vertu de ces lois, ceux qui voulaient entrer dans la carrière de l'enseignement devaient affirmer par écrit n'appartenir à aucune de ces congrégations. Sous Louis XIV comme sous Napoléon, l'on était encore retenu par le respect des libertés gallicanes, et l'État n'entendait pas se laisser envahir par les ultramontains.

Il a fallu en venir à 1850, sous le couvert d'un gouvernement républicain, pour laisser envahir l'enseignement par toutes les congrégations, autorisées ou non. Et c'est par une prétérition, préméditée et inaperçue, qu'elles sont entrées subrepticement. Par cette porte basse, elles sont revenues en foule, et pendant un demi-siècle, elles ont pu travailler à l'aise à leur œuvre de domination, à l'asservissement des âmes.

Comme cette seconde moitié du dix-neuvième siècle ressemble peu à celle du dix-huitième ! Une comparaison historique et philosophique entre les deux époques serait bien intéressante et bien instructive. Espérons que quelqu'un, à l'esprit judicieux et indépendant, aura quelque jour l'ambition de se livrer à cette étude.

Bornons-nous ici à signaler certains résultats de cette domination spirituelle conquise par l'Église.

Depuis longtemps, elle s'était emparée de la femme par la confession ; elle mit la main sur l'enfant par l'éducation, et dès lors il ne lui fut pas difficile d'atteindre le mari et le père. La bourgeoisie française, à qui Pascal et Molière avaient appris à destester l'hypocrisie des Jésuites, oublie ses antécédents libéraux et révolutionnaires pour s'humilier et s'agenouiller sous la bannière sacrée ; c'est alors que l'on vit de hauts personnages prendre pour directeurs de conscience des pères Jésuites, et de concert avec eux se livrer aux plus coupables machinations.

Ce fut pour la France une véritable décadence morale ; et il se produisit une série d'événements significatifs pour ceux que n'aveugle pas le parti-pris du fanatisme, événements qui sont en quelque sorte des preuves matérielles de notre déchéance.

Et tout d'abord, cette funeste guerre de 1870, déclarée à la Prusse qui la désirait, n'est-elle pas due en partie à l'inspiration d'une femme à l'esprit étroit et sectaire, obscurci par les superstitions espagnoles.

Et ce dogme nouveau, qui a déshonoré la civilisation moderne, l'infaillibilité du pape, reconnue et acclamée par les classes élevées, abdiquant toute dignité, toute indépendance, pour se courber sous le joug d'un homme jouant à la divinité !

Puis la condamnation d'un Juif innocent par haine de race, par une haine héritée des Pharisiens qui avaient crucifié Jésus. Et alors sur notre France abusée, affolée par les excitations de vils folliculaires, souffla comme un vent empesté du Moyen-Age. Ce fut comme un délire qui s'empara même des modérés et des tièdes ; et l'on applaudit aux massacres et aux pillages que la race maudite devait subir sans défense.

Ce fut enfin l'avènement des miracles. La vierge apparut à Lourdes, et les pèlerins français, leurs curés en tête, se précipitèrent vers la piscine miraculeuse qui guérissait tous les maux. Les princes de l'Église n'osèrent arrêter le mouvement ; quelques-uns même l'encouragèrent ouvertement.

Ces faits ne sont-ils pas suffisants et bien d'autres pourraient être cités, pour montrer qu'il est temps de réagir contre cet affaissement continu, contre cette épidémie morale qui envahit tant d'esprits, et menace d'introduire dans notre généreuse nation, comme un germe de mort, une multitude dévoyée, inaccessible à la raison, à la vérité et à la justice ?

C'est aux jeunes générations qu'il faut demander le relèvement, et c'est l'enseignement laïque, qui sera l'instrument de régénération, l'enseignement libre, dégagé des vieilles erreurs, mais tolérant, animé du véritable esprit chrétien.

L'esprit chrétien peut se passer d'interprètes officiels. Jésus voulait un culte pur, une religion sans prêtres et sans pratiques extérieures, il n'y avait pas besoin d'intermédiaires entre l'homme et Dieu. Mais que les catholiques se rassurent, nul ne songe aujourd'hui à supprimer les prêtres, à abolir leur religion. Conservons les prêtres, soit; les moines aussi, si vous voulez, mais dans leurs monastères, non dans nos écoles. Puis supprimons les commandements de l'Église pour nous rattacher aux commandements de Dieu et à la pure morale de l'Évangile.

Imprimerie A. LANIER. — Auxerre

www.ingramcontent.com/pod-product-compliance
Lightning Source LLC
Chambersburg PA
CBHW060532050426
42451CB00011B/1741